KRAFTVOLLE RITUALE
ZUM EINSTIEG UND AUSKLANG IN GRUPPEN

PIERRE STUTZ

MIT FOTOGRAFIEN
VON MAX OBERDORFER

rex verlag luzern

Bibliografische Information Der Deutschen Bibliothek
Die Deutsche Bibliothek verzeichnet diese Publikation in der
deutschen Nationalbibliografie; detaillierte bibliografische
Angaben sind im Internet über http://dnd.ddb.de abrufbar.

2. Auflage 2004
© 2001 by **rex** verlag luzern
Fotografien: Max Oberdorfer, München
Gestaltung Umschlag und Inhalt: Andrea Fassbind, Sarnen
Gesamtherstellung: Ebner & Spiegel, Ulm
ISBN 3-7252-0709-7

WIDMUNG

Dem Pfarreiteam Hünenberg (Zug) gewidmet,
aus Dankbarkeit für die kraftvollen
Begegnungen während dem Fest «25 Jahre
Pfarrei Heilig Geist».

INHALT

9   **Zur Einstimmung**

10   **I. Die Kraft der Rituale wieder entdecken**

13   **II. Die Kraft der Rituale in einem mystischen Zusammenhang sehen**

         Leer-Räume des Schweigens fördern

         Zu-Grunde-Gehen als Chance entdecken

         Das Wesentliche ist schon da

16   **Rituale zum Einstieg in Gruppen**

17   *Verbindung mit Menschen guten Willens*

20   *Befindlichkeitsrunde*

24   *Eine Geschichte immer wieder vorlesen*

28   *Kleines Teelicht entzünden*

32   *Schweige und höre*

36   *Bibelworte einander mitteilen*

40   *Von der spirituellen Art des Zeitunglesens*

44   *Hoffnungsworte, die aufatmen lassen*

48   *Meditieren, was wir schon mitbringen*

52   *Lieder singen – Gebärden ausdrücken*

56   **Rituale zum Ausklang in Gruppen**

57   *Setzen lassen*

60   *Aufstehen zum Leben*

64   *Weltweite Verbundenheit*

68   *Einander das Rückgrat stärken*

72   *Herumreichen eines Kruges*

76   *Ein Wort aussprechen*

80   *Hand auf die Schulter legen*

84   *Alltagsritual auf den Weg*

88   *Loslassen einüben*

92   *Amnesty-Kerze entzünden*

ZUR EINSTIMMUNG

In meinem Werdegang als Jugend-
seelsorger habe ich von «Kindes-
beinen» an gelernt, in jedem
Zusammenkommen, bei Treffen
und Gottesdiensten etwas ganz
Neues einzubringen. Sonst wäre
ich mir einfallslos, langweilig und
verstaubt vorgekommen. Diese
Haltung hat mich sehr geprägt und
die darin gründende innere
Freiheit und Kreativität, aus der ich
schöpfen kann, möchte ich nicht
missen. Spontaneität und Flexibi-
lität, d. h. die Nähe zu den kon-
kreten Menschen, haben für mich
Vorrang.

Grundlegend hat sich jedoch
meine Einstellung geändert, dass
immer ein neues Symbol, eine
neue Geschichte eingebracht
werden muss. Die Hektik unserer
Zeit, mit ihrer zunehmenden
Überforderung durch eine kaum
mehr bewältigbare Fülle von
Worten und Bildern, lässt unsere
Seelen aufschreien. Mein Arbeiten
mit Gruppen in unzähligen Kursen
und Seminaren oder Besinnungstagen hat sich sehr gewandelt.
Denn ich spüre, wie viele Menschen mit der Sehnsucht kommen,
ein Stück Ruhe zu finden, um ein
wenig mehr bei sich selber zu
Hause sein zu können. Mein Ziel
ist nicht mehr, den Teilnehmenden
möglichst viel Neues zu präsentie-
ren. Ich gehe davon aus, dass sie
alle das Wesentliche schon
mitbringen.

Meine Aufgabe kann es sein, sie
mehr in Kontakt, in Berührung mit
den eigenen Ressourcen zu
bringen. Rituale sind mir dabei
eine grosse Hilfe, denn sie wollen
durch den wiederholenden
Charakter die Menschen in die
Tiefe führen. Dies ist in einer
Gruppe vor allem am Anfang und
beim Auseinandergehen wichtig.

Die folgenden Einstimmungs- und
Segensrituale sind für ganz
verschiedene Gruppen gedacht:
Kirchenräte, Pfarreiräte, Jugend-
teams, Frauengruppen, Liturgie-
gruppen. Wie immer haben die
Texte «Bausteincharakter», d. h.
sie können je nach Situation der
Gruppe verändert werden. Die
Fülle der Anregungen lädt zum
verantwortungsvollen und
kreativen Auswählen ein, um dann
während einer bestimmten Zeit
regelmässig miteinander ein
Ritual zu feiern.

Möge dadurch unsere Seele
Entfaltungsräume in Gemeinschaft
erfahren, die nähren, damit wir
kraftvoll im Leben bestehen
können.

Neuchâtel, Frühlingsanfang 2001
Pierre Stutz

I. Die Kraft der Rituale wieder entdecken

«Kann es etwas Schlimmeres geben, als dass wir uns in unserem eigenen Haus nicht zurechtfinden? Wie können wir hoffen, in anderen Häusern Ruhe zu finden, wenn wir sie im eigenen nicht zu finden vermögen.» So schreibt die Mystikerin Teresa von Avila in ihrem Werk «Die innere Burg».

Dieser Gedanke hat mich vor einigen Jahren erschüttert. Denn zu lange habe ich aussen gesucht, was ich mir selber schenken lassen muss. Wie jeder Mensch brauche ich Anerkennung, Verwandlung und Verwurzelung. Doch nur ich – dies ist die schmerzlich-befreiende Erkenntnis – kann mir Heimat in mir schenken lassen. Dazu brauche ich auch die anderen, die Gemeinschaft, die erst in einer Gruppe erfahrbar wird. Immer vertrauend, dass letztlich Gott allein eine tiefe Verwurzelung ermöglichen kann. Seit ich dieser Spur folge, habe ich die Kraft der Rituale in meinem Leben, in meinem Alltag und in meinen Erfahrungen mit Gruppen wieder entdeckt. Am Anfang dieses Prozesses musste ich meine katholische Sozialisation aufarbeiten und vertiefen. Ich erkannte, dass ich mit Ritualen Gott nicht auf meine Seite bringen kann, weil er längst als tiefer Grund meines Lebens in mir wohnt und wirkt. Die Gefahr der Machbarkeit, des Automatismus, der Gewohnheit eines Rituals – ich nenne dies den Schatten der katholischen Tradition – ist offensichtlich. Doch in unserer hektischen Welt, wo wir immer mehr gelebt werden, statt selbst zu leben, wächst von Tag zu Tag die Sehnsucht, mehr aus der eigenen Mitte, letztlich aus Gott heraus, das eigene Leben gestalten zu können. Rituale sind für mich Ausdruck dieser Sehnsucht:

Ein Ritual ist für mich ein Ort des Innehaltens, des Aufatmens, wo ich mich in meinem eigenen Haus zurechtfinden kann.

Ein Ritual ist für mich ein kraftvoller Moment der Erinnerung, dass das Wesentliche im Leben nicht machbar ist und ich auf die anderen und auf Gott zutiefst angewiesen bin.

Ein Ritual verbindet für mich Erde und Himmel, indem ich wahrnehme, was ist, und mit anderen zusammen über mich hinauswachse, weil wir Teil eines grösseren Ganzen sind.

Ein Ritual ist für mich ein Akt des Aufstandes für eine Welt, wo Gerechtigkeit, Kultur, Solidarität, lebensfrohe Kreativität und hoffnungsvolle Initiativen möglich werden, weil Menschen mit mehr Rückgrat auf ihr inneres Feuer vertrauen.

Ein Ritual lebt von der verrückten Hoffnung, dass jedem Menschen Verwandlung zusteht. Denn es ist ein Gefäss, das zuerst mich selber durch tiefes Ein- und Ausatmen Verwandlung erfahren lässt.

Ein Ritual lebt von der Wiederholung, damit wir innere Ruhe erfahren und die Tiefendimension unseres Tuns erahnen. Die Kraft des Rituals ist erst erfahrbar im Nachahmen und Üben. Darin birgt sich – wie oft im Leben – zum einen die Chance eines achtsameren Lebens und zum anderen die

Gefahr einer Sinnentleerung, wenn das Ritual nicht existenziell von der/dem Anleitenden und den Teilnehmenden gefüllt wird. Deshalb brauchen Rituale Disziplin, eine Haltung der Achtsamkeit und einen klaren Anfang und ein klares Ende.

Ein Ritual ist vielschichtig und kann von den Mitfeiernden unterschiedlich erlebt und gedeutet werden. Es braucht den Respekt vor dieser Verschiedenheit, die nicht nivelliert werden darf.

Ein Ritual will uns Momente schenken, wo Raum und Zeit wie aufgehoben erscheinen. Dann wird Loslassen möglich, was auch verschiedene Emotionen freisetzen kann: Tränen fliessen, Freude wird tiefer erfahrbar, Wut intensiver spürbar. Anleitende tragen hier eine gewisse Verantwortung. Sie müssen mit dem, was ausgelöst wird, umgehen können.

Ein Ritual kann ein mystischer Moment werden: Erfahrung des Angerührtseins von Christus, des Getragenseins, der Verbundenheit mit Schöpfung und Kosmos.

Ein Ritual ist heilend, weil die Seele – als das Lebendige in uns – aufatmen kann und weil wir alle Erfahrungen rückverbinden (lat. religous) in Gott, der Quelle des Lebens.

Diese Gedanken prägen die folgenden Rituale am Anfang und am Ende einer Sitzung, eines Treffens, eines besinnlichen Zusammenseins. Zuallererst sind nicht neue methodische Anregungen zu erwarten. Denn es geht um viel mehr, um die Verwandlung, die Umkehr, die in unseren Pfarreien und Gemeinden so notwendig geworden ist. Wenn wir mit Menschen am Ende eines arbeitsreichen Tages oder einer intensiven Woche zusammenkommen, dann kommen viele mit dem Gefühl des «Sich-nicht-zurechtfindens» in vielen Bereichen. Es ist nicht mehr zu verantworten, wenn wir die gemeinsame Zeit «nur» nutzen, um zu fordern und neue Inhalte mitzugeben. Damit wir vermehrt den Zugang zu unseren Ressourcen (franz. source = Quelle) finden, brauchen wir am Anfang und am Ende eine Zeit, um innezuhalten. Erstens, weil wir Menschen mehr sind als Arbeit und Aktivität und zweitens, weil wir dadurch kreativer, effizienter werden.

Die mystischen Grundhaltungen, die ich den Ritualen voranstelle, leben von dieser Hoffnung. Denn alle Menschen kommen als Original auf die Welt, zu viele sterben als Kopie (nach Sören Kierkegaard). Mystikerinnen und Mystiker ermutigen uns ein Leben lang ein Original zu bleiben. In diesem Vertrauen können uns Rituale unterstützen.

II. Die Kraft der Rituale in einem mystischen Zusammenhang sehen

Die Kraft der Rituale bringe ich in Verbindung mit der Ermutigung, in der Gemeindearbeit mystische Grundhaltungen zu fördern. Denn ich fühle mich dem oft zitierten Satz von Karl Rahner verpflichtet: «Der Christ von morgen wird ein Mystiker sein oder er wird nicht mehr sein.» Die bekannten Rahnerworte sind noch längst nicht ausgeschöpft, wie es Eugen Biser treffend formuliert: «Das Rahnerwort gehört zu jenen «bewegenden Formeln», die sich als Saatkörner kommender Ernte erweisen und als solche darauf warten, in ihrem Vollsinn erst noch entdeckt und womöglich sogar zum Prinzip neuer Denk- und Lebensform erhoben zu werden.» (Der inwendige Lehrer, München 1993, S. 13)

Neue Denk- und Lebensformen sind in unseren Gemeinden, in unserem gesamten kirchlichen Unterwegssein gefragt. Denn die Gemeinde am Ort bleibt eine wichtige Möglichkeit, um den Menschen mit ihrer Sehnsucht und ihrer Empörung nahe zu sein.

Dabei können einfache Rituale eine gemeinschaftsstiftende Ausdrucksform sein, wenn sie in einem grösseren mystischen Zusammenhang gesehen werden:

Leer-Räume des Schweigens fördern

Das Wort Mystik leitet sich vom griechischen Verb myein ab: die Augen schliessen und nach Innen schauen. Nicht, um mich von den anderen, der Welt abzuwenden, sondern um durch diese Distanz die tiefere Verbundenheit mit allem zu spüren. Diese Verbundenheit will zu neuer Kreativität und entschiedenerem Engagement führen. Eine engagierte Innerlichkeit ist in unseren Gemeinden äusserst notwendig geworden. Unser kirchlicher Aktivismus muss durchbrochen werden im gemeinsamen Schweigen.

Der Schlüssel zu jedem Ritual ist das bewusste Wahrnehmen des Atmens. Dadurch spüren wir im Sinne von Hildegard von Bingen die solidarische Verbundenheit, weil «Gott atmet in allem, was lebt.»

Rituale bestärken uns darin, der Kraft des Schweigens, der Leere zu trauen. Eine «Pastoral der Leere» (Ottmar Fuchs) ist angesagt. Denn für eine Mystikerin, einen Mystiker ist die Leere nicht negativ, sondern bietet die Grundvoraussetzung, um noch stärker von Christus erfüllt und bewegt zu werden. SeelsorgerInnen sind die ersten, die vermehrt Räume des Schweigens betreten müssen, um dadurch auch mit anderen zusammen Leerräume des Schweigens zu kultivieren. Denn eine Seelsorgerin/ein Seelsorger ist eine Person, die Räume eröffnet, ohne sie selber zu füllen.

Zu-Grunde-Gehen als Chance entdecken

Christliche MystikerInnen haben sich für Reformen in der Kirche eingesetzt, weil sie den Zeichen der Zeit auf den Grund gegangen sind. Diese Lebenseinstellung des Zu-Grunde-Gehens – im doppelten Sinne inspiriert vom Mystiker Johannes Tauler – beinhaltet die Kunst des Sterbens, die als «ars moriendi» bekannt ist. In unseren Pfarreien muss einiges sterben, damit neue dialogische Sozialformen gefunden werden. Dabei dürfen wir mit Johannes Tauler vertrauen, «dass keine Drangsal im Menschen entsteht, es sei denn, Gott wolle eine neue Geburt in ihm herbeiführen.» (41. Predigt) Diesem Wandlungsprozess, dieser Geburt Gottes in unseren Gemeinden gilt es zu trauen, indem wir

das Zentrum des christlichen Lebens, Tod und Auferstehung, hineinholen in all unsere Umstrukturierungsfragen.

Dieser Erneuerungsprozess wird uns den Zauber eines neuen Anfangs ermöglichen. Erinnern wir uns, dass wir nicht die ersten sind und es sich dabei um einen ständigen Prozess handelt.

Gotthard Fuchs ermutigt dazu: «Vielleicht kann ein altes Kirchenbild zur Deutung helfen – das Bild vom Sterben und Auferstehen der Kirche im Rhythmus der Mondphasen – nicht zufällig ein feminines Bild aus einer Männerkirche. Wie der Mond in der Natur dazu da sei, das Licht der Sonne aufzunehmen und in die Nacht auszustrahlen, damit auch in der Nacht Orientierung möglich sei, so sei die Kirche in der Menschheit dazu da, das starke Licht des Evangeliums – die Botschaft von Gottes einseitig zuvorkommender Liebe zu allen Menschen – aufzunehmen und in die Nacht der Menschheit hineinzustrahlen. Was also der Mond in der Natur sei, sei die Kirche im Gang der Menschheitsgeschichte. Entscheidend an diesem Bild: Der Mond muss in rhythmischen Abständen sterben, er muss sozusagen auf null herunter, um neu der Power der Sonne gewachsen zu sein, um wieder seinen Dienst der Ausstrahlung zu leisten. Und so müsse auch die Kirche – das ist die Pointe – in ihrer jeweils historischen Gestalt sterben; sie muss sozusagen immer wieder auf null herunter, um neu der Power des Evangeliums gewachsen zu sein… Demnach gibt es also Phasen, in denen die Ausstrahlungskraft des christlichen Lebens und der kirchlichen Sozialgestalt im Abnehmen, ja am Sterben ist. Verbunden mit diesem karfreitaglichen Realismus ist die österliche Zuversicht, dass sich durch solche Sterbeprozesse hindurch neu eine Kirchengestalt herausgebiert, die wiederum lebensermutigender und sinnvermittelnder ist. Mir scheint, dass dieses archetypische Symbol der «lunaren Kirche» helfen kann, die gegenwärtige Stunde unerbittlich klar, aber im Lichte des Osterglaubens theologisch zu buchstabieren.» (Publik-Forum 11/2000, 26-27)

In dieser spirituellen Grundhaltung mache ich Mut, die Kraft der Rituale wieder zu entdecken, um wahrnehmen zu können, was ist. Im Schliessen der Augen können wir der Realität noch stärker in die Augen schauen und uns dabei kraftvoll erinnern, dass auch uns ein neuer Morgen verheissen ist.

Das Wesentliche ist schon da

In der Mystik gibt es keine gottlose Welt und keinen gottlosen Menschen. Kein Mensch kann Gott loswerden, weil er längst vor allem Tun, auch vor dem kirchlichen Tun, als lebendige Quelle in jedem Menschen, in der Schöpfung, im Kosmos wirkt. Mit Ritualen können

wir Gott nicht vereinnahmen oder auf unsere Seite bringen, denn Gott kommt all unseren Ritualen mit seiner Gnade zuvor. Sie erinnert uns an die Verbundenheit mit allem. Diese zutiefst politische Einsicht soll unsere Umkehr verstärken, «zuerst das Reich Gottes und seine Gerechtigkeit zu suchen, damit uns alles andere dazugegeben wird.» (nach Matthäus 6,33)

In all den wichtigen strukturellen Fragen, denen wir uns stellen müssen, gilt es mit dem Ritual eine Spannung auszudrücken. Wir müssen aushalten lernen, dass es wohl auf uns ankommt, jedoch letztlich nicht von uns abhängt. Denn der Ursegen Gottes ist da und im gemeinsamen Einüben von Nähe und Distanz erwächst eine innere Freiheit, die uns deutlich macht, dass wir nicht dauernd reagieren, sondern vermehrt agieren und zwar aus dem Urvertrauen heraus, dass das Wesentliche schon da ist und überall auf der Welt alltäglich sichtbar wird. Hier liegt die Spur, wie wir Berührungsängste überwinden und in ökumenischer Zusammenarbeit – auch mit anderen Religionen und politischen Organisationen – erfahren, wie Gottes Geistkraft weht, wo sie will. Jedes Ritual ist somit ein Widerstandsakt, der uns in aller Verunsicherung und Hoffnungslosigkeit eine Chance zur Hoffnung gibt.

Rituale zum Einstieg in Gruppen

«Jedem Anfang wohnt ein Zauber inne ...», schreibt Hermann Hesse. Der Beginn des Zusammenseins ist von entscheidender Bedeutung. Mit der Ouvertüre einer Oper werden die Motive angespielt, die uns erwarten. Dies gilt auch für den Beginn einer Sitzung.

Die Tiefenschichten unserer Seele nehmen feinfühlig wahr, von welcher Grundhaltung das gemeinsame Zusammensein geprägt ist. Es lohnt sich dem Anfang wirklich Zeit und Raum zuzugestehen. Es entsteht dadurch eine Atmosphäre, in der neben dem Fördern der Menschlichkeit und der Solidarität auch zielstrebiger, effizienter gearbeitet wird.

Die folgenden Anfangsrituale verstehen sich als Bausteine und Impulse, die je nach Pfarrei- und Gruppensituation verändert werden müssen.

Die Frage «Was kann ich als Einzelne/Einzelner schon tun?» sitzt als Lebensgefühl tief in uns. Die Vereinzelung und Entsolidarisierung nimmt Tag für Tag zu, die Ohnmacht feiert hohe Zeiten mit der Apathie. Nicht die Verdrängung dieser Realität hilft uns weiter, sondern die alltägliche Verwandlung dieser bedrohenden Wirklichkeit. Unsere Augen, Ohren und vor allem Herzen brauchen jeden Tag neu die Erinnerung, dass jetzt, in diesem Moment, auf der ganzen Welt Frauen und Männer guten Willens mit all ihrer Kraft und ihren Schwächen Initiativen der Begeg-nung, des Teilens, der Solidarität entfalten. Weil von dieser Wirklichkeit selten in Zeitungen und elektronischen Medien die Rede ist, braucht es unsere kraftvolle Erinnerung. Sie wird genährt, wenn wir am Anfang einer Sitzung innere Verbindung aufnehmen mit allen Menschen guten Willens: Herzlich willkommen zu unserer heutigen Sitzung. Die Agenda, die Ordner mit den vielen Traktanden liegen schon vor uns. Wir sind da, um miteinander Antworten auf die vielen Problemstellungen zu finden. Doch vorerst lade ich alle ein, einige Minuten Abstand zu gewinnen. Wir schliessen unsere

Verbindung mit Menschen guten Willens

Ordner, legen sie beiseite und entfernen den Stuhl ein wenig vom Tisch, damit ein Freiraum entsteht und wir so aufrecht, wie es im Moment möglich ist, dasitzen. Ich schliesse die Augen und nehme meinen Atem wahr. Ich versuche immer tiefer ein- und auszuatmen in der Grundhaltung, dass Gott in allem atmet, was lebt. Ich spüre meinen Grund und versuche beim Ausatmen meine beiden Füsse noch mehr auf den Boden, den Grund niederzulassen. Es kommt zwar auf mich an, aber letztlich hängt das Wesentliche nicht von mir ab. Gott ist mein Grund, der mich trägt. Dies gilt auch für den Beckenraum, den ich dann beim Ausatmen wirklich auf den Stuhl niederlasse. Dabei spüre ich das Verbindende mit den anderen dieser Gruppe. Ich nehme auch Verbindung auf mit Menschen auf der ganzen Welt, die in diesem Moment auch irgendwo zusammenkommen, um mitzuge-

stalten an einer gerechteren und zärtlicheren Welt. Der Atem lässt mich wohltuend spüren, wie wir nicht als kleine Gruppe unter uns sind, sondern Teil eines Ganzen. So verweile ich einige Minuten in dieser weltweiten Verbundenheit, in der Dankbarkeit über all die Frauen und die Männer guten Willens. Gemeinsam meditieren wir den Text auf folgender Seite.

Am Ende dieses Rituals wird eine Karte herumgereicht. Darin danken wir einer Gruppe, einer anderen Pfarrei, dem Bischof oder einer Organisation für ihr Engagement. Wenige Worte genügen, um ein grosses Echo auszulösen: «Wir sind heute mit euch sehr verbunden und schätzen sehr, dass auch ihr immer wieder zusammenkommt, um der Ohnmacht zu trotzen.» Anschliessend unterschreiben alle diese Karte.

VERBINDUNG MIT MENSCHEN GUTEN WILLENS

Gott du Grund aller Hoffnung
jeden Tag verbindest du dich
mit allen Menschen guten Willens
die dich suchen im Einsatz für eine
friedvollere Welt

Auch wir sind in dieser weltweiten
Verbundenheit hier zusammen
um uns in der Erinnerung zu bestärken
dass du mitten unter uns bist
und lebst in all den Gruppen
die jetzt diskutieren in Wohlwollen
und Konfliktfähigkeit

Dank dir wächst unsere Hoffnung
ins Leben und auf die Solidarität

EINSTIEGSRITUAL

Befindlichkeitsrunde

Ein spiritueller Mensch ist ein Mensch, der alltäglich einübt wahrzunehmen, was ist. Wahrnehmen, was mich bewegt, was mich ärgert, was mir zutiefst gut tut, was mich behindert, was mich blockiert. Wahrnehmung als Grundhaltung, um darin die göttliche Spur in meinem Leben zu erahnen.

Für Gruppen, die sich regelmässig treffen, empfiehlt es sich, am Anfang jeden Einzelnen einzuladen, ein Stück seines persönlichen Lebens auszudrücken. Wenn jede/jeder am Anfang die Möglichkeit hat, seine/ihre Grundstimmung mitzuteilen, so sind alle danach selber offener für die Gruppe und können die/den andere/n besser verstehen, weil wir in etwa wissen, wo er oder sie steht.

Die Investition dieser Zeit zahlt sich aus, nicht nur, weil dadurch jede/jeder einen Moment in der Mitte sein darf – nach Jesus ein heilendes Geschehen – sondern auch, weil dann bei Sachthemen klarer diskutiert werden kann und das Persönliche nicht unausgesprochen mit hineinfliesst.

Folgende Impulse und Gedanken können dabei eine Hilfe sein:

Woher komme ich? Wo bin ich seit dem Aufstehen überall gewesen und was hat mir gut getan, was war mühsam?

Was klingt noch nach von der letzten Sitzung und mit welcher Grundstimmung bin ich hierher gekommen?

Welcher Vogel oder Baum, welche Blume oder Landschaft passt zu mir und meiner Stimmung, die ich heute mitbringe?

Wie geht es mir? Welche Wetterlage (bewölkt, sonnig, regnerisch, etc.) bringe ich in Verbindung mit meinem jetzigen Befinden?

Welches Instrument oder welches Musikstück drückt etwas von meinem Innern aus?

Welche Postkarte lässt mich den anderen etwas Wichtiges von mir erzählen?

Bei Gruppen, die mit dieser persönlichen Art am Anfang ein wenig Mühe haben, kann ein Gegenstand (ein Ball, eine Flasche, ein Becher, eine Frucht, ein Stein), der von einer Person zur anderen geht, eine Hilfe sein, um den Gesprächsfluss zu fördern.

BEFINDLICHKEITSRUNDE

Mich in die Mitte stellen
einen Teil von mir preisgeben
andere Anteil nehmen lassen
an dem was
mich bewegt
mich aufwühlt
mir bis in die Zehenspitzen gut tut

Dich in der Mitte sehen
hören und fühlen
was in dir lebt
dir Ansehen schenken
weil auch du einmalig und einzigartig bist

Uns wahrnehmen
weil jede und jeder sich ein wenig einbringt
so wird im Mitteilen von Grenzen und Fähigkeiten
Respekt und Toleranz erfahrbar

Dich Gott
als verbindende Mitte erfahren
hier und jetzt

EINSTIEGSRITUAL

Eine Geschichte immer wieder vorlesen

Unsere Seele braucht Entfaltungs- und Erholungsräume. Noch nie waren wir Menschen mit so einer Fülle von Informationen konfrontiert. Sie bereichern unser Leben und schenken uns Weite und Offenheit. Zugleich können sie uns konstant überfordern. Darunter leidet unser ganzes Sein und die Gefahr der Abstumpfung nimmt zu. Ein Umdenken, eine Umkehr ist notwendig, damit wir lebendig bleiben. Seele ist nach C.G. Jung «das Lebendige im Menschen, das aus sich selbst Lebende und Lebenverursachende». Geschichten können uns die Tür zum Lebendigen in uns öffnen. Dies ist möglich, wenn wir als Anfangsritual eine kleine Geschichte hören. Die Sammelbände von Willi Hoffsümmer, die Geschichten von Anthony de Mello, die Chassidischen Geschichten von Martin Buber bieten da eine Fülle von Impulsen zum Auswählen. Zugleich möchte ich mit Nachdruck dazu ermutigen,

eine Geschichte, die besonders berührt und Anklang gefunden hat, über eine bestimmte Zeit hinweg immer wieder am Anfang eines Treffens gemeinsam zu lesen. Im Unterwegssein als Gruppe entwickeln sich ja verschiedene Phasen von Nähe und Distanz, von Offenheit und Widerstand. Dabei kann sich durch die Zusammensetzung ein «Gruppenthema» herauskristallisieren, das durch eine Geschichte einen verbindenden Ausdruck findet. Beim Begleiten von Gruppen in Besinnungstagen und Exerzitien erfahre ich zunehmend die verbindende Kraft, die entsteht, wenn ich wage, eine Geschichte – das kann natürlich auch ein Gedicht, ein Gebet sein – mehrmals vorzulesen. Dabei bin ich als Vorleser gefordert, mich mit meiner ganzen Existenz hineinzubegeben, um auch beim wiederholten Vorlesen meine Stimmung und die Stimmung der Gruppe mit hineinfliessen zu lassen. Rituale

leben von der Kraft der Wiederholung. Dabei sind sie in Gefahr
lähmende Gewohnheit und toter
Automatismus zu werden. In
unserer stürmischen Lebenszeit mit
einer Überfülle an Worten und
Bildern erlebe ich im Ritual den
wohltuenden Charakter der
Wiederholung. Was mir im Kopf
klar ist, ist es längst noch nicht in
meiner Seele. Damit das Wort
Fleisch wird, damit echte Menschwerdung möglich wird, braucht es
Mut. Es ist der Mut zur Einsicht,
dass wir nicht immer Neues
einbringen müssen. In meiner
Ausbildung zum Priester habe ich
gelernt, dass es peinlich ist, wenn
die Zuhörenden eine Geschichte
schon kennen. Diese Erfahrung
entschärfe ich heute bei der
Einführung einer bekannten
Geschichte, indem ich sage: «Ich
erzähle Ihnen heute eine Geschichte, die vielen von Ihnen
bereits vertraut ist. Auch wenn wir
sie schon gehört haben, so kann
sie uns heute wieder neu berühren,
damit sie nicht nur im Kopf
bekannt ist, sondern uns ganzheitlich bewegt.» In einer chassidischen Geschichte erzählt Rabbi
Sussja zum Beispiel, dass er sich
nicht fürchtet, von Gott nach dem
Tode gefragt zu werden, warum er
nicht Mose oder Elija geworden
sei. Verstummen würde er, wenn
Gott ihn fragte: «Sussja, warum
bist du nicht Sussja geworden?»
Diese existenzielle Frage bleibt ein
Leben lang aktuell. Jeder Mensch
spürt die Tragweite dieser Frage.
Wer weiss denn schon, ob sie/er
wirklich sich selber geworden ist?
Ich habe mir persönlich schon
viele Male diese Geschichte laut
vorgelesen. Dasselbe tue ich in
unserer Kapelle beim Beten oder
im Begleiten von Gruppen. Die
innere Vorbereitung liegt also nicht
im Suchen einer neuen Geschichte, sondern im Fördern der Gabe,
eine Geschichte wiederholt so
vorlesen zu können, dass sie die
Teilnehmenden immer wieder neu
berührt und betrifft.

EINE GESCHICHTE IMMER WIEDER VORLESEN

Hörende möchten wir werden
Gott
mit Geist, Leib und Seele
lauschen auf Worte
die wir schon gehört haben
die uns schon bekannt sind
und die noch tiefer in uns
eindringen möchten

Schenke uns die Gabe
der Einfachheit
weil wir dadurch lebendiger werden
und wir aufatmen können
wenn uns Vertrautes zu Ohren kommt
und so tief in unsere Herzensmitte
fliessen kann

Wirklich Hörende möchten wir sein
um dir in allem zu begegnen
du Quelle allen Seins

EINSTIEGSRITUAL

Kleines Teelicht
entzünden

Seit sechs Jahren entzünden wir
in unserer Gemeinschaft jeweils
am Schluss der Morgenmeditation
ein kleines Teelicht, das in den Tag
hineinleuchtet. Eine Geste, die sich
wiederholt und die doch jeden Tag
anders wirkt, weil wir Mitbetenden
dabei an viele Menschen denken.
Da die Geste und ihre symbolische
Geschichte sich immer wieder
verändert, füllt sich der Inhalt
dieses Rituals jeden Tag neu.
Vorerst denken wir an die Gäste,
die bei uns waren und an all die
über 70 Stagiaires, die mit uns
einige Monate gelebt haben. Viele
von ihnen möchten uns nicht
schreiben: «Bete für mich!» Doch
sie können sich in den Worten
«entzündest du heute die Kerze für
mich?» wiederfinden.

In einem Seelsorgeteam, in Pfarreirat, Jugendgruppenteams oder einer Seniorengruppe kann am Anfang des Zusammenseins diese Geste ein verbindendes Gefühl innerhalb der Gruppe und über sie hinaus ermöglichen. Zugleich kann jedes Gruppenmitglied ein Ritual erfahren, das sie/er selbstständig zu Hause in der Familie und am Arbeitsplatz feiern kann. Vor dem Einschlafen kann dieses Ritual für Kinder und Erwachsene eine Lebenshilfe sein, wenn vor dem Fenster ein Licht in die Nacht hinein brennt. Es hilft dabei, die Menschen, an die wir intensiv denken, Gott in besonderer Weise anzuvertrauen. Es ist eine Geste des Loslassens, die die Menschen, um die wir uns sorgen, nicht fallen lässt, sondern Gott überlässt, überantwortet.

Rituale können uns im Loslassen eine Hilfe sein. Ich kenne keinen spirituellen Weg, der nicht auch ein Weg des Loslassens ist. Loslassen bedeutet jedoch nicht Oberflächlichkeit und Gleichgültigkeit. Loslassen kann ich nur, was ich berührt habe. Mich berühren lassen von den Begegnungen der Menschen, ohne mich überwältigen zu lassen, das ist ein wichtiges Ziel, welches durch das Entzünden eines Teelichtes seine tiefere Ausdrucksform erhält.

KLEINES TEELICHT ENTZÜNDEN

Licht sein
dich Gott
leuchten lassen durch uns
beim Entzünden eines Teelichtes

Dunkel und Ohnmacht durchbrechen
Wärme und Zuversicht Raum schenken
im Innehalten beim Entzünden einer Kerze

Kerzenschein
dich Gott durchscheinen lassen
im solidarischen Mitfühlen
mit Menschen auf der ganzen Welt

EINSTIEGSRITUAL

Schweige
und höre

In einer grossen Tageszeitung lese ich, dass evangelische Pfarrerinnen und Pfarrer eine Gottesdienstreform einfordern. Die Reform macht sich zum Ziel und stellt sich der höchst schwierigen Aufgabe, in der Gemeinde das Schweigen miteinander einzuüben. Dies tut wirklich Not! Die Kraft des Schweigens belebt, sie ist sinnstiftend, sie lässt uns lebendiger werden. Lebendig werden bedeutet in diesem Zusammenhang vor allem das Annehmen der individuellen Grenzen.

Im gemeinsamen Schweigen nehmen wir jene Seiten in uns ernst, die sich erholen möchten, die eine Sendepause einfordern, damit auch unsere Herzensstimme hörbar wird. Wenn ich mich zurückziehe ins Schweigen, dann geschieht dies nicht aus Flucht vor den anderen, sondern weil ich Grenzen setzen will, um eine höhere Beziehungsqualität zu erreichen. Beim Schliessen der Tür entferne ich mich nicht wirklich von den anderen, sondern ich suche durch die Distanz die tiefere Verbundenheit mit allem in Gott. Jesus hat sich zurückgezogen, um seine Rückverbindung mit Gott, der uns wie Mutter und Vater ist, zu spüren. Diese Rückverbindung, diesen freien Rücken brauchen wir, um danach mit Rückgrat im Leben bestehen zu können.

Um Oasen im Lärm unserer Informations- und Konsumgesellschaft zu finden, kommen wir nicht um den schwierigen Weg durch die Wüste herum. Ein neues Land, eine neue Lebensqualität der Lust und der Solidarität wird uns geschenkt, wenn wir in unseren Gemeinden miteinander aufbrechen, um das Schweigen gemeinsam einzuüben. Anfangs gelingt es uns vielleicht nur 10 Sekunden lang, doch durch die Sensibilisierung und Kultivierung fördern wir den Durst und den Hunger nach dem Schweigen in uns. Immer mehr LehrerInnen erzählen mir, wie Jugendliche Übungen zur Stille im Unterricht wünschen. Jugendliche, die fast nicht ohne Kopfhörer leben können, sind auf dem Weg, die ursprüngliche Kraft, die aus dem Schweigen entsteht, in sich zu erspüren. Eine Klangschale, ein Gong oder eine kleine Glocke können eine grosse Hilfe sein, um das gemeinsame Zusammensein mit einem Schweigen zu beginnen.

Je mehr dies in den verschiedenen Gruppen der Pfarrei geübt wird, umso mehr können wir es dann im Gemeindegottesdienst feiern. Es lohnt sich auch da mit kleinen Schritten, d. h. mit wenigen Sekunden anzufangen.

Nach einigen Jahren erhält so das Schweigegebet seinen Stellenwert zurück, der ihm auch in unserer christlichen Tradition gebührt. Zugleich liegt da die ökumenische Spur zu allen Weltreligionen.

SCHWEIGE UND HÖRE

Miteinander schweigen
der Kraft der Stille trauen
um die Verbundenheit
mit aller Kreatur zu spüren

Miteinander schweigen
nicht aus Beziehungsangst und Verlegenheit
sondern aus der Hoffnung
die Qualität unserer Beziehungen zu fördern

Miteinander schweigen
auf unsere Herzensstimme hören
dich Christus spüren
als allerinnerste Mitte

Miteinander schweigen
aus Protest
gegen die zunehmende Versklavung des Menschen
im Lärm der Konsumsucht
um klarere Worte zu finden
die aufhorchen lassen

Miteinander schweigen
im Horchen auf den Atemfluss
der erzählt vom Atem des
heilenden Geistes in uns

EINSTIEGSRITUAL

Bibelworte
einander mitteilen

Während fünfzehn Jahren
konnte ich mich mit der Aktualisie-
rung aller biblischen Psalmen
beschäftigen. Ich wollte den hohen
Anspruch in mir relativieren, dem
ganzen Psalm gerecht werden zu
müssen. Dieser Prozess hat meinen
Umgang mit der Bibel sehr
geprägt: weniger ist mehr.

Ohne in eine fundamentalistische,
wörtliche Bibelauslegung zu
verfallen, möchte ich Mut machen,
einigen Bibelworten zu trauen.
Bibelstellen, die gut tun, die mich
zum Widerstand regen, die mich
hoffen lassen, die mich ärgern.
Welche Gedanken und Gefühlsre-
gungen ich auch immer beim
Hören eines Textes spüre, ich
nehme einige Worte mit hinein in
meinen Alltag, denn sie haben
mich nicht aus Zufall angesprochen. Sie sind mir zugefallen und
finden eine Resonanz in meinem
Inneren.

Bei der Auswahl der Bibelworte versuchen wir stets aus der Vielfalt der Texte zu schöpfen. Neben Lob und Dank sollen auch Zweifel, Not, Wut und Trauer zur Sprache kommen, als Ausdruck unseres ganzen Lebens und all unserer Gefühle. Wir lesen das Tagesevangelium oder wählen eine Zeit lang verschiedene Gleichnisse, Heilungsgeschichten oder Prophetenworte aus. In dieser Lebensschule können wir miteinander und voneinander lernen.

Wir beginnen also die Gruppenzeit immer mit einem Bibeltext. Auch hier hilft es, einen kurzen Moment der Stille zu fördern, um wirklich hören zu können. Dann liest jemand einen Abschnitt ein- oder zweimal laut vor. Erst danach erhalten alle auf einem farbigen Zettel den ausgewählten Bibeltext, um einen Moment bei den Worten zu verweilen, die mich besonders

wohltuend oder befremdend angesprochen haben. Anschliessend können all jene, die es wünschen, diese (persönlich ansprechenden) Worte laut mitteilen. So kann es sein, dass durch diese Auswahl eine grosse Verschiedenheit ausgedrückt wird oder einige Gruppenmitglieder dieselben Worte laut vorlesen. Vielleicht wächst auch mit der Zeit in der Gruppe der Wunsch, mehr über die Bibel und ihre Entstehung zu wissen. Doch allein schon das Mitteilen von Bibelworten, die bewegen, lässt eine tiefere Rückverbindung mit den Schätzen unserer Tradition erfahren.

Dies ist nur einer der Aspekte eines Rituals. Die Investition dieser Viertelstunde zahlt sich langfristig auf die gemeinsame Arbeit und auch auf deren Effizienz aus!

BIBELWORTE EINANDER MITTEILEN

Uns ansprechen lassen
von Weggefährtinnen und Weggefährten
die seit Jahrhunderten
Worte finden
die inspiriert sind von Gottes Wirken
in dieser Zeit

Uns bewegen lassen
von biblischen Worten
die Nahrung sind
für unsere Hoffnung auf Verwandlung

Uns aufwühlen lassen
von der Parteinahme Gottes für die Kleinen
denen wir auch heute begegnet sind
in unserem Alltag

Uns bestärken lassen
in der Kraft des Widerstandes
die aus der Guten Nachricht wächst
dass der Aufstand für das Leben sich lohnt
jeden Tag neu mit IHM

EINSTIEGSRITUAL

Von der spirituellen
Art des Zeitunglesens

Friedrich Nietzsche schreibt: «Wo Sehnsucht und Verzweiflung sich paaren, da entsteht Mystik.» Das Aushalten dieser Spannung ist das Ziel der dialogischen Menschwerdung. Für mich ist das Zeitunglesen jeden Tag der Ort, wo meine Sehnsucht ihre Flügel ausbreitet, wenn langjährige Friedensverhandlungen kurz vor dem Abschluss sind und wo meine Verzweiflung zum Himmel schreit, wenn tausende von Kindern an Aids sterben. Ich kann alleine damit bleiben oder lernen in der Gruppe, der ich angehöre, meine Erfahrungen mitzuteilen. Das Wort Spiritualität stammt vom lateinischen spirare, was atmen bedeutet. Also nichts Besonderes, sondern etwas allgemein Gegenwärtiges. Den Atem der Hoffnung spüren und das Ringen um den Atem gehören zum Leben. Beim Zeitunglesen erfahre ich dies hautnah, jeden Tag. Dieses Ritual kann in jede Gruppe einfliessen,

wenn alle Teilnehmenden sich bereit erklären, zur Einstimmung einen kleinen Abschnitt aus der Zeitung vorzulesen. Denn all die Rituale, die ich hier vorstelle, sind in unsere Alltagswelt integrierbar. Sie leben von der Hoffnung, dass wir nicht stundenlang eine kleine Meditation vorbereiten müssen, sondern im Zeitlupentempo genau das einbringen, was uns in letzter Zeit bewegt hat. Vielleicht entzünden wir auch ein Teelicht, um unserer Solidarität mit den Menschen des gelesenen Textes Ausdruck zu verleihen. Nach dem Lesen kann immer dasselbe Lied gesungen werden, wo alle kraftvollen und schmerzlichen Seiten des Lebens Platz haben:

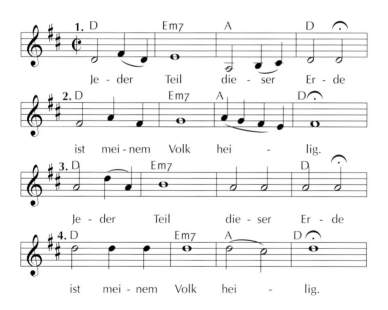

T: Arrow Smith (Quelle: Rede des Indianerhäuptling Seattle)
M: Stefan Vesper
© tvd-Verlag, Düsseldorf

VON DER SPIRITUELLEN ART DES ZEITUNGLESENS

*Dich Gott suchen wir in allen
Ereignissen des Lebens
beim Zeitunglesen konkretisiert
sich diese Hoffnung
denn du lebst in unserer Sehnsucht
und schreist mit in unserer Verzweiflung*

*Du ermutigst uns
Ausdrucksformen zu finden
nicht alleine zu bleiben
und andere teilhaben zu lassen
an der Spannung
die unser Leben ausmacht*

*Stärke in uns die Erinnerung
an all die Initiativen von Menschen
die sich berühren liessen
von tiefer Lebensfreude und Lebensangst
und beides geteilt haben
weil du im geteilten
gebrochenen Brot zutiefst erfahrbar bist*

Die Wetterlage:

Tief „Gudrun" bestimmt unser Wetter mit Wolken und Regen. Im Nordosten überwiegen Regenwolken, im Süden und Westen gibt es anfangs Schauer, später wird es freundlicher. Temperaturen von 8 bis 13 Grad.

Reisewetter morgen:

Berlin	Regen
Hamburg	Regen
München	u. bewölkt

EINSTIEGSRITUAL

Hoffnungsworte,
die aufatmen lassen

Ich lese gerne und viel, suche eine Fülle verschiedener Informationen und nehme sie auf. So erfahre ich mehr denn je, dass mich einige ganz bestimmte (Lebens)Worte der Hoffnung zutiefst beleben. Diese Worte sage ich immer wieder und atme sie in mich hinein. Wenn ich sie nun mitteile und einige LeserInnen denken, dass dies für sie nichts Neues ist, dann tue ich dies bewusst. Denn eine Gruppe kann etwas zu ihrer Identitätsfindung beitragen, wenn sie regelmässig als Einstieg mit ein wenig Musik dieselben Hoffnungsworte hört. Es geht dabei nicht um eine Einengung, sondern um die kraftvolle Langsamkeit der Seele, die viel zu kurz kommt in unserer Gesellschaft. Die folgenden Lebensworte schreibe ich aus dem Gedächtnis auf, denn ich kenne sie «par coeur» (dt. auswendig), es bedeutet «von Herzen»:

«Geh und befrei mit der Kraft, die du hast.» Richter 6,14

«Betrachte deine Seele als kostbaren Diamanten, dessen Glanz nie erlischt.» Teresa von Avila

«Gott atmet in allem was lebt.» Hildegard von Bingen

«Das Leben zu wählen, heisst das Kreuz zu umarmen.» Dorothee Sölle

«Gott wohnt und wirkt wesentlich in jedem Menschen, sogar im grössten Sünder.» Johannes vom Kreuz

«Mein Atem heisst JETZT.» Rose Ausländer

«Ich bin schon tausend Tode in tausend Konzentrationslagern gestorben. Und doch finde ich das Leben schön und sinnvoll. Jede einzelne Minute.» Etty Hillesum

«Auf der Seite der Verlierer sein im
Weltprozess.»
Walter Benjamin

«Grenzenlos glücklich und immer
in Schwierigkeiten.»
Nach den Quäkern

«Das Reich Gottes kommt nicht so,
dass man es berechnen könnte.
Auch wird man nicht sagen: Siehe
hier! oder: Dort! Denn sieh, das
Reich Gottes ist schon mitten unter
euch.»
Jesus von Nazareth nach
Lukas 17,21

«Ich lebe, doch nicht mehr als Ich,
sondern Christus lebt in mir.»
Paulus in Galater 2,20

«Nimm dir jeden Tag eine halbe
Stunde Zeit zum Gebet, ausser
wenn du viel zu tun hast, dann
nimm dir eine Stunde Zeit.»
Franz von Sales

«Christus wird zu aller Zeit, ohne
Unterlass in uns geboren.»
Johannes Tauler

Soweit meine Hoffnungsworte. In
einer Gruppe entsteht verbindende
Anerkennung, wenn alle ein
Hoffnungswort mitnehmen können
und wenn es regelmässig als
Einstimmung vorgelesen wird.

HOFFNUNGSWORTE, DIE AUFATMEN LASSEN

Nach dir Christus
sehnen wir uns
denn du bewohnst alles
jeden Menschen
die Schöpfung und den ganzen Kosmos

Unbegreiflich nah
geheimnisvoll offen
bleibt uns deine Gegenwart
als Quelle des Lebens

Wir halten darum jeden Tag neu
Ausschau nach Hoffnungsworten
Worten von Menschen
die versucht haben
das Unsagbare auszusprechen
dein Mitleiden
Mitlachen
Mithoffen
Mitsterben
Mitauferstehen

EINSTIEGSRITUAL

Meditieren, was wir schon mitbringen

In der Fuss- und Handreflexzonen-massage habe ich entdeckt, dass die Seele durch die Füsse, bzw. die Hände spricht: der gesamte Organismus widerspiegelt sich darin. Das Ritual des Meditierens der Hände am Anfang einer Zusammenkunft lässt mein Handeln in einem grösseren Ganzen erkennen. In meinen Händen verdichtet sich meine Lebensgeschichte, die kraftvollen und verletzlichen Stellen sind spür- und sichtbar. Das liebevolle Streicheln der Hände, das Spüren meiner Kraft zum Zupacken lassen mich wirklich ankommen in einem Raum. Dabei geht es auch um die Anerkennung dessen, was durch meine Hände an Segen fliesst. Segen, der letztlich immer Geschenk Gottes ist.

In meinem Buch «Gottesdienste ganzheitlich feiern» (rex verlag) habe ich einige Gottesdienstmo-delle entwickelt, deren Besin-nungsteil sich gut für einen Gruppeneinstieg eignet. Ich gehe von dem aus, was wir bereits in jede Feier mitbringen: unseren Leib, unsere Ängste und Hoffnun-gen, unser Taschentuch, unsere Schlüssel, unseren Geldbeutel, unser … Auf einem spirituellen Weg sind wir dauernd in Gefahr schon weiter sein zu wollen. Echtes, geerdetes Wachstum geschieht nur, wenn wir von dem ausgehen, was ist. Diese Grund-haltung können wir in einer Gruppe miteinander einüben. Beispielsweise im Meditieren der Hände oder dem Taschentuch. Alle Gruppenmitglieder sind eingeladen, einen Moment ein Taschentuch in die Hand zu nehmen und dabei mit all den Erlebnissen in Verbindung zu treten, die sich durch dieses Symbol vergegenwärtigen. Da komme ich in Berührung mit meinem Schnupfen, meinen Tränen, mit Bildern aus meiner Kindheit, z. B. als mir meine Grossmutter auf dem Feld ihr grosses Taschentuch ausgeliehen hat, um meinen Schweiss abzutrocknen. Da spüre ich die Nähe zu den Menschen.

Mit all den Gedanken und Gefühlen verweile ich und entdecke darin den Weg zur inneren Quelle, zu meinem Sein, weil mein Wert aus meinem Sein entspringt.

MEDITIEREN, WAS WIR SCHON MITBRINGEN

Im Hier und Jetzt sein
der Kraft des Augenblicks trauen
im bewussten Ein- und Ausatmen
von dem ausgehen
was ich mitbringe an Erfahrungen
wohltuende und schmerzliche

In Alltagsgegenständen
die Kraft des Ewigen entdecken
das was mich verbindet
mit Menschen auf der ganzen Welt
und über den Tod hinaus

Meine Hände meditieren
dankbar staunen
wie sie mich jeden Tag
menschlicher werden lassen
im Zupacken und Loslassen

Da sein
einfach da sein
so schwierig
so heilsam
so anspruchsvoll
so entspannend

Dich erfahren
weil du immer schon da bist

EINSTIEGSRITUAL

Lieder singen –
Gebärden
ausdrücken

Im Singen können wir die
Verbindung von Erde und Himmel
erfahren. Auch hier kann die
Wiederholung uns zum Moment
des Aufatmens werden. Die Lieder
aus Taizé oder andere einfache
Kehrverse erzählen von der
Sehnsucht unserer Seele, ganzheit-
liche Gemeinschaftsformen zu
erleben. Auch das gemeinsame
Singen kann uns ins richtige Lot
bringen. Es erinnert uns, dass nebst
all unserem Planen und Tun das
Wesentliche nicht machbar ist,
denn «wenn Gott das Haus nicht
baut, bleibt alle Mühe umsonst.»
(Psalm 127,1)

In meinem Buch «Heilende Momente. Gebärden Rituale Gebete» (Kösel Verlag) beschreibe ich einige einfache Gebärden mit Musik, die ich in hunderten von Gruppen entfaltet habe. Ich lade zu diesen Gebärden im Stehen ein und stelle allen frei, auch sitzend die Musik zu hören. Diese Grundhaltung gilt für alle neuen (im Grunde uralten!) Formen, die in einer Gruppe zum Ausdruck gelangen können. Als Leiter oder Leiterin muss ich der Frage nachgehen, ob ich mich verunsichern lassen darf, wenn einigen Teilnehmenden der Gruppe diese Form nicht entspricht. Viele Gruppenleiter/innen lassen sich leider dadurch entmutigen und entwickeln keine Rituale, weil sie die ganze Aufmerksamkeit auf jene richten, denen sie nicht entsprechen, statt auf jene, die sich so sehr nach neuen Formen sehnen.

Der Kraft der Rituale trauen, heisst lernen, das Verbindende in der Freiheit und der Verschiedenheit zu sehen.

LIEDER SINGEN, GEBÄRDEN AUSDRÜCKEN

*Meinen Ton finden
meine Stimme ausdrücken
mit vielen einstimmen in
die Lebensmelodie der Hoffnung*

*Einander Raum zur Entfaltung eingestehen
sich miteinander bewegen
obwohl jede und jeder ihren/seinen Rhythmus hat
Freiraum spüren lassen
um das Verbindende in der Verschiedenheit
erleben zu lassen*

*Dich
als Beweggrund des Lebens
mit unserer Stimme
mit Leib und Seele feiern*

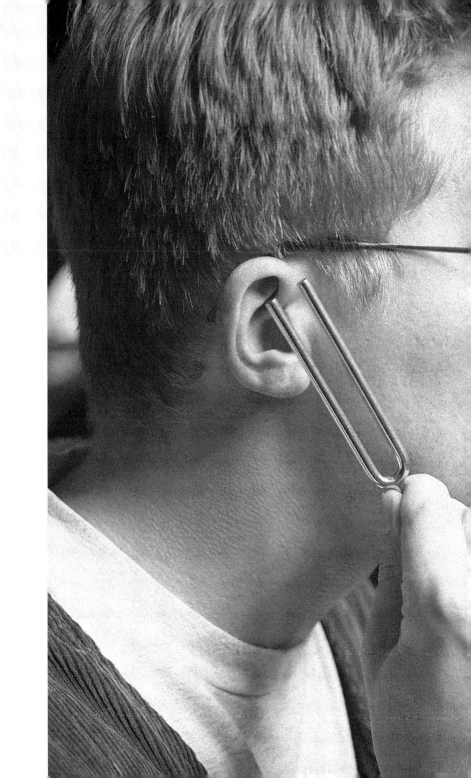

Rituale zum Ausklang in Gruppen

«Es ist ja immer wieder das ‹Ganze› worum es sich da handelt, dieses Ganze aber, wenn wir's auch innerlich manchmal zusammenfassen in einem Elan des Glücks oder des reineren Willens, in der Wirklichkeit ist's unterbrochen durch alle Irrtümer, Fehler, Unzulänglichkeiten, durch das Bösartige von Mensch zu Mensch, durch das Ratlose und Trübe...», schreibt Rainer Maria Rilke an eine junge Frau.

In diesem grossen Zusammenhang sehe ich ein Segensritual: Fassen wir vor dem Auseinandergehen nochmals innerlich zusammen, dass es ums «Ganze» geht. Dabei müssen wir nicht erstaunt sein, wenn auch unsere Begrenztheit, unsere Fehler und Unzulänglichkeiten dazugehören. Ein guter Abschluss ist die beste Vorbereitung für das nächste Treffen. Es erlaubt den Teilnehmenden gemeinsam das Loslassen einzuüben. So kann engagierte Gelassenheit und die Verbundenheit mit den anderen gelebt werden.

Viele Stunden unseres Lebens sitzen wir. Sitzungen sind geradezu geprägt vom Sitzen. Religion wird zur Lebenshilfe, wenn wir miteinander erfahren können, welche spirituelle Tiefendimension sich in unserem unscheinbaren Sitzen entdecken lässt. Denn bei allen wichtigen strukturellen Fragen, denen wir uns stellen müssen, spüren wir auch unsere Begrenztheit. Diese Begrenztheit kann dann zur lähmenden Überforderung werden, wenn ich eine Sitzung verlasse mit dem Gefühl, dass es nun nur noch auf mich ankommt. Um kreativ und effizient handeln zu können, brauchen wir die entlastende Lebenseinstellung, dass das Wachstum nicht allein in unseren Händen liegt. Niemand von uns kann sein eigener Grund sein. Um auch als Kirche die politischen, sozialen und ökonomischen Fragen nicht allein den anderen zu überlassen, braucht es das Vertrauen des Getragenseins. Beim Sitzen kann uns bewusst werden, dass wir getragen sind.

Wenn wir den ganzen Beckenraum wirklich niederlassen auf dem Stuhl, um dadurch aufrechter dasitzen zu können, mit unseren Begabungen und Grenzen, dann können wir all die vielen Diskussionspunkte nun auch einen Moment setzen lassen. Nicht um sie zu verdrängen oder zu verharmlosen, sondern um sie wirklich ernstzunehmen. Welch eine Wohltat, am Ende eines Treffens noch einige Minuten einfach dasitzen zu können. Auch hier wird der Atem uns helfen, die Füsse auf dem Boden zu lassen und bei jedem Ausatmen die Auflageflächen des Beckenraumes niederzulassen. Das Kraftvolle dankbar setzen lassen, zur Ruhe bringen. Unangenehme Momente des Gesprächs setzen lassen, um noch klarer zu spüren, was mich geärgert, verletzt oder verunsichert hat. Wichtige Gedankenanstösse, denen ich nachgehen will, vorerst setzen lassen. Nach einigen Minuten der Stille mit dem folgenden Segensgebet das Zusammensein abschliessen:

Setzen lassen

Dasitzen
ein- und ausatmen
die gemeinsamen Erfahrungen
setzen lassen

Dasitzen
innerlich auf den Punkt bringen
was nun in mir lebt
innerlich zusammenfassen
spüren wie es ums Ganze geht
um dich Gott in allen Dingen

Dasitzen
das Wohltuende des Zusammenseins
setzen lassen
das Ungelöste und Unangenehme
setzen lassen
dabei dich Gott als Grund erfahren

Dasitzen
um deinen Segen bitten
damit unser Aufbruch getragen ist
vom Vertrauen in deine
heilend-segnende Gegenwart
jetzt und alle Tage unseres Lebens

SETZEN LASSEN

Seit einigen Wochen begleitet mich ein inneres Hoffnungsbild: Wenn ich bewusst aufstehe erinnere ich mich, dass in diesem Moment auf der ganzen Welt Frauen und Männer geradestehen, aufstehen für das Gute, für mehr zärtlich-gerechtere Menschlichkeit. In diesem Vertrauen eine Gruppe zu verlassen und dabei zu wissen, dass auch die anderen Teilnehmenden in dieser spirituellen Grundhaltung ihr Leben gestalten, das stiftet Gemeinschaft.

Deshalb lade ich dazu ein, als Abschiedsgeste bewusst aufzustehen und dabei die Füsse achtsam auf den Boden zu stellen. So sind wir in Verbindung mit dem uralten Bild von Gott als Grund, der zum Leben aufrichtet. Der Atem hilft

Aufstehen
zum Leben

AUSKLANGSRITUAL

uns nun auch die gemeinsamen Gespräche in einem grösseren Ganzen zu sehen. Denn der persönliche Atem verbindet uns mit der ganzen Schöpfung und dem ganzen Kosmos, weil Gottes heilender Geist in allem atmet. Was noch vom Treffen nachklingt, versuche ich auszuatmen, vor allem auch jene Momente, die belastend wirken. Ich achte darauf locker in den Knien zu bleiben, sie nicht durchzustrecken, um den Atemfluss nicht zu unterbrechen.

Im bewussten Dastehen spüre ich die Verbindung mit jenen Frauen und Männern auf der ganzen Welt, die zu sich stehen, die einstehen für das Leben, die aufstehen durch ihr Engagement. In diesem Sinn ereignet sich die Auferstehung im Hier und Jetzt. Wir bleiben als Gruppe einige Minuten stehen. So erfahren wir die Kraft, die daraus entsteht, wenn Menschen ihre Verantwortung wahrnehmen ohne sich zu verkrampfen und alles allein von sich selber zu erwarten. Mit der folgenden Meditation zum Ausklang schliessen wir das gemeinsame Dastehen ab:

Nach dem gemeinsamen Planen
noch einen Moment dastehen
gerade stehen für die gemeinsamen
Entscheidungen

Mit beiden Füssen auf dem Boden stehen
Auferstehung erfahren
weil du Christus
jeden Moment neu in uns auferstehst

Dem Atemfluss folgen
in der solidarischen Verbindung
mit Frauen und Männern
die jetzt aufstehen für mehr
Frieden in Gerechtigkeit

Dastehen
deine heilend-segnende Kraft
tief einatmen
in staunender Dankbarkeit
über deine Schöpfung
Mutter Erde
die umsonst trägt und nährt

Um den Segen bitten, ihn einander zusprechen, das heisst für mich immer auch die weltweite Verbundenheit feiern. An Pfingsten feiern wir, dass Menschen verschiedener Kulturen sich verstehen, dass die Sprachverwirrung und die Angst vor dem Fremden überwunden wird.

Bei einem Segens- und Abschiedsritual können wir uns diese Wirklichkeit wieder neu ins Bewusstsein rufen, indem alle Mitfeiernden die Namen von Menschen in verschiedenen Ländern auf der ganzen Welt nennen. Menschen, die wir kennen und die jetzt im Ausland leben oder Menschen, die zurzeit auf einer Reise, im Urlaub, in einem anderen Land sind. Dabei wird tief erfahrbar, wie Gottes Segen fliesst, wie er uns Menschen verbindet und immer Geschenk ist, weil er uns einbindet in die ganze Schöpfung und den ganzen Kosmos. Alle Gruppenmitglieder sind also eingeladen, konkrete Menschen beim Namen zu nennen und dabei auch um den Segen für das ganze Volk zu bitten, z. B.:

– Ich bitte für Bettina und alle Menschen in Bolivien.
– Ich denke an Monika und Terry in Amerika und alle Amerikanerinnen und Amerikaner.
– Ich bitte um den Segen für Roger und den Versöhnungsprozess in ganz Rwanda.
– Ich denke an Philomena in Malta und alle Bewohnerinnen und Bewohner von Malta.
– Ich bin verbunden mit Anna und Stephan in Spanien und allen Spanierinnen und Spaniern.

Weltweite Verbundenheit

AUSKLANGSRITUAL

Danach halten wir einander an
den Händen und singen zuerst das
Lied «Gott, lass den Segen». Beim
Summen der Melodie trägt ein
Gruppenmitglied die folgende
Segensbitte vor:

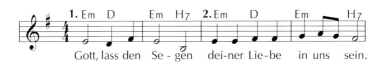

Gott, lass den Se-gen deiner Lie-be in uns sein.

Du gibst Le-ben, du gibst Hoff-nung Herr, seg-ne uns.

T und M: mündlich überliefert

Segnend
möchten wir dich Gott
erfahren in der Erinnerung
an Menschen auf der ganzen Welt
durch die dein Segen jeden Tag
reichlich fliesst und sichtbar wird

Segnend
sind wir hier verbunden
im Aussprechen von Namen
von Einzelnen und ganzen Völkern

Segen
erbitten wir von dir
sprich uns das Gute zu
damit wir angestiftet werden
zum solidarischen Teilen

Segen
erbitten wir für all die Menschen
mit denen uns die
tiefe Hoffnung verbindet
dass du Gott
jeden Menschen bewohnst

Segne
du uns Gott des verbindenden Lebens
in Christus unserem Grund
durch seinen schöpferischen Geist

Amen

WELTWEITE VERBUNDENHEIT

Sind so kleine Seelen
offen und ganz frei.
Darf man niemals quälen
gehen kaputt dabei.

Ist so'n kleines Rückgrat
sieht man fast noch nicht.
Darf man niemals beugen
weil es sonst zerbricht.

Grade, klare Menschen
wär'n ein schönes Ziel.
Leute ohne Rückgrat
hab'n wir schon zuviel.

Bettina Wegner

Auszug aus: Kinder. Sind so kleine
Hände, © Anar. Musikverlag,
c/o Bettina Wegner, DE-13465 Berlin

Einander das
Rückgrat stärken

AUSKLANGSRITUAL

Was die Sängerin 1979 in ihrem Lied «Kinder» ausdrückt, ist mehr denn je höchst aktuell: Wenn wir einander segnen, stärken wir uns gegenseitig das Rückgrat. Jesus will den aufrechten Gang. «Gottes Ehre ist der lebendige Mensch.», schrieb der Theologe Irenäus von Lyon (2. Jahrhundert n. Chr.). Am Ende einer Sitzung stehen wir alle im Kreis zusammen. In der Mitte brennt eine Kerze, ist eine Blume, ein schönes Tuch. Jeder legt seiner Nachbarin, seinem Nachbarn die Hand auf das Kreuzbein.

Diese Geste wirkt als Ausdruck von der Mitte, vom Beckenraum her, wie wir einander das Rückgrat stärken können. Der Atem wird uns dabei helfen segnend-heilend dazustehen. Dabei erinnern wir uns, dass unser Kreis auch den Weltkreis symbolisiert.

Nach einem kurzen Innehalten lesen wir folgendes Segensgebet:

*G*ott
mit Leib und Seele stehen wir da
mit unserer Sehnsucht
mehr mit Rückgrat uns
für eine friedvollere Welt
der Gerechtigkeit und Zärtlichkeit
einzusetzen

Jesus
angestiftet durch deine engagierte Gelassenheit
versuchen wir deinen Spuren zu folgen
um in wohlwollender Konfliktfähigkeit
unsere Meinung einzubringen
weil du uns sagst
dass wir Salz der Erde sind

Heilender Geist
berührt
bewegt
bestärkt
durch deine atmende Gegenwart
werden wir aufgerichtet
um mit mehr Zivilcourage im Leben zu stehen

Segne uns
und stärke unser Rückgrat
du Gott der barmherzigen Gerechtigkeit
durch Christus unsere Widerstandskraft
in seinem kreativen Geist

Amen

Ein schöner Krug aus Keramik oder Glas steht sichtbar schon am Anfang der Sitzung in der Mitte des Raumes oder in der Nähe der Leiterin, des Leiters. Wenn in der Nähe des Treffens ein Brunnen oder ein Bach fliesst, so kann natürlich das Wasser frisch geschöpft werden. Ein mit Wasser gefüllter Krug ist während der ganzen Sitzung ein sinnbildlicher Ausdruck, dass Gottes reicher Segen unsere Arbeit erfüllen möge.

Vor dem Auseinandergehen stellen sich alle in einem Kreis rund um das Gefäss auf und bitten um die Segnung des Wassers.
Mit einer Segensgeste, zum Beispiel mit ausgestreckten Armen

Herumreichen eines Kruges

AUSKLANGSRITUAL

und offenen Händen, kann dieses Vertrauen ausgedrückt werden. Dann spricht jemand aus der Gruppe ein Gebet:

Gott

*wir brauchen Vertrauenszeichen
in unserem Leben
Momente der Erinnerung an das
Fliessen
deiner göttlichen Quelle in uns*

*Segne du dieses Wasser
damit wir einander das Gute
zusprechen können
und segnend unser Sein und Tun
verstehen
durch Christus in seinem
segnenden Geist*

Im Anschluss daran stimmt der Leiter/die Leiterin ein Lied an, das alle auswendig singen können, z.B. Kumbaya my Lord, Benedictus qui venit, Magnificat, Der Himmel geht über allen auf…

Alle aus der Gemeinschaft sind nun eingeladen beim Herumreichen des Kruges die Nachbarin, den Nachbarn zu segnen: Ein Segenszeichen auf die Hand, die Stirn, das Herz zeichnen, mit oder ohne Worte und dann den Krug weiterreichen. Wenn es eine grosse Gruppe mit mehr als 10 Personen ist, empfiehlt es sich, zwei Krüge zu verwenden. Mit dem folgenden Abschiedsgebet endet dann das Zusammensein:

Mitten in unseren Zweifeln und Hoffnungen
in unseren Lähmungen und Visionen
brauchen wir deinen Segen Gott
um zu spüren
dass es wohl auf unser Tun ankommt
jedoch Wesentliches letztlich nicht von uns abhängt

Mitten in unseren Konflikten und unserem Wohlwollen
In unserer Verschiedenheit und Verbundenheit
segnen wir einander
wir sprechen einander das Gute zu
die Bestärkung Verwandlung zu erfahren
jeden Tag neu

Mitten in unseren ungelösten Fragen und Veränderungsansätzen
unserer Überforderung und Aufbruchstimmung
gehen wir auseinander
vertrauend dass wir zum Segen werden
in all unseren Begegnungen
durch dich Christus
segnende Kraft in der ganzen Schöpfung
und dem ganzen Kosmos

HERUMREICHEN EINES KRUGES

Matthew Fox schreibt: «Die
Seele wird als Ausdruck des
totalen Lebendigseins eines
Menschen verstanden. Die Seele
ist eine Ganzheit, die von Kraft
erfüllt ist. Diese Lebenskraft, ohne
die kein lebendiges Wesen
existieren kann, nannten die
Israeliten Barach-Segen. Segen ist
also das jüdische Wort für Seele.»
Unsere Seele braucht Entfaltungsräume. Dabei gilt es, nicht
ausgesprochen Grossartiges zu
erwarten, sondern regelmässig
innezuhalten und wahrzunehmen,
was in mir lebt und sich bewegt.
So kann ich echten Segen erfahren.
Vor dem Auseinandergehen legen
alle ihre mitgebrachten Objekte,
ihre Ordner und Bücher beiseite

Ein Wort aussprechen

AUSKLANGSRITUAL

und schieben die Stühle vom Tisch weg, um freier dasitzen zu können, d.h. beide Füsse auf dem Boden, in aufrechter Haltung (so gut es geht!). Die Verbindung zum Atem hilft, all die vielen Gedanken im Kopf setzen zu lassen, um der Kraft des Daseins, des Augenblicks zu trauen. (Siehe dazu auch meine Impulse im Buch «Ein Stück Himmel im Alltag. Sieben Schritte zu mehr Lebendigkeit.», Herder Verlag) Dann werden die Teilnehmenden eingeladen, ein Wort für das heutige Treffen zu assoziieren. Bereits dem ersten Wort, das einem in den Sinn kommt, kann man trauen. Das Wort kann beispielsweise als Überschrift für diese Zeit gelten. Ein Wort, in dem sich ver-

dichtet, was lebendig ist, was in meiner Lebenskraft, meiner Seele spürbar ist, d.h. auch unangenehme Worte haben ihren Platz. Als Variante kann auch ein kurzer Satz ausgesprochen werden. Wer möchte, kann nun dieses Wort der Gemeinschaft mitteilen.

Wir tun dies im Bewusstsein, damit um den Segen Gottes zu bitten. Als Weiterführung hören wir folgenden Segenstext:

Hoffnungsworte
wünsche ich dir
damit dein Selbstvertrauen wächst
in Verbindung mit dem Vertrauen
in die Mitmenschen und in Gott

Segensworte
wünsche ich dir
Worte die
aufrichten
berühren
herausfordern
bestärken
bewegen

Vertrauensworte
wünsche ich uns allen
damit unser Unterwegssein
aus der Kraft lebt
gesegnet zu sein
um Segen füreinander zu werden

EIN WORT AUSSPRECHEN

Die Entsolidarisierung und Vereinzelung der Individuen nimmt erschreckend zu. Wir brauchen deshalb mehr Menschen, die das Miteinandersein leben. Segnend im Leben zu stehen, bedeutet das Wesen Gottes mit anderen zu erspüren. Gottes Wesen heisst «Ich bin da – ich werde da sein» (Exodus 3,14).

Hand auf die Schulter legen

AUSKLANGSRITUAL

Wenn wir uns vor dem Auseinandergehen im Kreis zusammenfin-
den und einander die linke Hand
auf die rechte Schulter legen, dann
sagen wir dem Nächsten «Ich bin
da». Diesen Zuspruch stellen wir
vor allen grossen Ansprüchen.
Deshalb ist unsere rechte Hand
offen ausgerichtet auf die Mitte.
Ohne diese Mitte, ohne Christus in
allem, können wir nicht leben:
«Denn in ihm leben wir, bewegen
wir uns und sind wir.» (Apostel-
geschichte 17,28)

Gottes Dasein ereignet sich, wenn
wir wirklich da sind, bei uns sind,
unsere Mitte spüren. Wir halten
inne und nehmen unser Dasein
wahr, erfahren unsere Zusage «Ich
bin da». Diese Zusage gilt allen
Nächsten, denen wir in den
kommenden Tagen begegnen.

«Liebe deinen Nächsten, denn er
ist wie du», umschreibt Martin
Buber den Liebesappell der Bibel.
Zusammen sein mit anderen kann
ich nur, wenn ich auch bei mir zu
Hause bin.

Im Dastehen im Kreis entdecke ich
dieses Vertrauensbild, dass ich
nicht immer für alle da sein muss,
sondern dass in Gemeinschaft
gegenseitiges Mittragen möglich
ist. Durch meine Hand verdichtet
sich mein HANDeln: eine Hand,
die berührt – eine Hand, die offen
bleibt. Beides soll in meinem
Leben, meinem Arbeiten und
meiner Freizeit sichtbar sein.

Der Segen zum Ausklang weist uns
die Spur in diese Richtung:

Gott sei vor dir
und zeige dir den Weg zu mehr Lebendigkeit

Gott sei neben dir
und begleite dich in all deinem solidarischen Mitsein

Gott sei hinter dir
und beschütze dich in den dunklen Stunden

Gott sei unter dir
und trage dich in deinem Einstehen für das Leben

Gott sei über dir
und erleuchte dich in deinen Entscheidungen

Gott sei um dich herum
und nehme dich in seine Arme in all deinen Beziehungen

Gott sei in dir
und tröste und heile dich in deiner Verletztlichkeit

So segne uns Gott
der uns wie Mutter und Vater ist
durch Christus unseren Anstifter zum Leben
in seinem zärtlichen Geist

Amen

HAND AUF DIE SCHULTER LEGEN

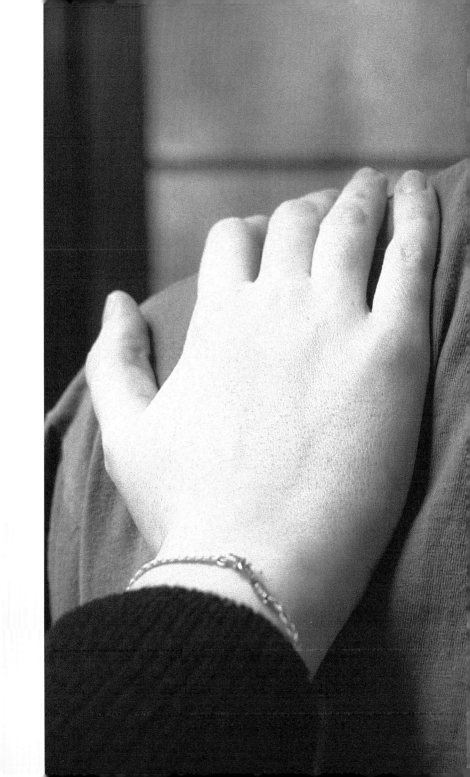

Gegen Ende einer Gruppenzeit wird oft spür- und hörbar, dass diese Gruppe eine wohltuende Oase ist, die es notwendig braucht im Unterwegssein. Eine Oase nährt und weckt die Sehnsucht nach Genährtsein. Sie lässt auch die Chancen und die Gefahren der Wüste noch bewusster erkennen. Für viele Menschen heute entsteht die Frage nach der Oase mitten im Alltag, vor allem auch mitten in der Arbeit, die ja zunehmend von Hektik und Druck geprägt ist. Diese Sehnsucht und der daraus entstehende Leidensdruck hat mich dazu geführt, eine Fülle von Alltagsritualen zu entfalten. Damit möchte ich den Menschen beim Aufbrechen etwas in die Hand geben, das ihnen die Richtung zu einem achtsameren Leben weist (vgl. mein Buch «Alltagsrituale. Wege zur inneren Quelle», Kösel 1999 oder meine drei Kleinschriften im Kanisius Verlag, Fribourg/Schweiz).

Die Leiterin, der Leiter bereitet je nach Gruppe und nach Themen eine konkrete Alltagsübung vor, die sie/er auf ein schönes farbiges Blatt Papier schreibt, damit alle

Alltagsritual
auf den Weg

AUSKLANGSRITUAL

beim Weggehen eine konkrete Lebenshilfe zum bewussten Stehen, Sitzen, Gehen etc. mitnehmen können. Das Austeilen kann in Stille mit einem passenden Musikstück geschehen. Wir verbinden uns mit dem kraftvollen Gedanken, beim Gestalten des Rituals im Alltag auch an die anderen Gruppenmitglieder zu denken.

Dieses Motiv findet sich auch in folgendem Psalm:

Geschichtsbewusstsein

Jeden Tag
verbindest Du Dich mit allen Menschen guten Willens
die sich erinnern
wie Du immer schon die Gebeugten aufgerichtet hast
wie Du gegenwärtig bist
in der Heilsgeschichte der Menschen

Heilend-befreiend
Dich der Unheilsgeschichte entgegensetzt
im nie endenden Kampf für Frieden in Gerechtigkeit

Alle
die Dich suchen
sollen sich von Herzen freuen
mit Mirjam
die tanzend auszog aus der Unterdrückung
mit Micha
der aufruft
Schwerter zu Pflugscharen umzuwandeln

Bis heute bewegst
Du Freundin Geist
heilvoll unsere Geschichte
dein Segen sei uns Erinnerung
an dein kraftvolles Wirken

Nach Psalm 105, 3, Aus: Stutz, Pierre: Du hast mir Raum geschaffen.
Psalmengebete, Claudius Verlag, München ⁴1999

Dorothee Sölle schreibt in Ihrem Buch «Mystik und Widerstand»: «Ein Mystiker, eine Mystikerin ist grenzenlos glücklich und immer in Schwierigkeiten.»

Beim Abschied haben wir die Chance diese Spannung zu erfahren und auszuhalten. Nach einer gemeinsamen Zeit, wo Schweres oder Belastendes zusammenkam oder wo während der Sitzung eine Spannung da war und gewisse Konflikte einfach nicht ausgesprochen werden konnten, ist es besonders wichtig, das Loslassen einzuüben. Dies bedeutet nicht zu verdrängen, auch nicht herunterzuspielen, sondern anzunehmen, dass parallel zu den vielen glücklichen Momenten auch die Grenzen, die Schwierigkeiten zum echten Menschsein gehören. Eine grosse, leere Schale kann dann eine Hilfe sein; sie ist eine Ausdrucksform für die Geste des Loslassens.

Loslassen einüben

AUSKLANGSRITUAL

Wir sitzen im Kreis um diese leere Schale und sind mit einer Körperzentrierungsübung eingeladen wahrzunehmen, was uns belastet, was wir gerne hier LASSEN möchten. Es geht also auch um Abgrenzung, indem wir lernen nicht alles auf uns zu nehmen, allzu persönlich zu deuten oder nur unseren Teil im Konflikt zu sehen. Wenn dies alle miteinander tun, können wir erfahren, wie wir auch mit der Verschiedenheit umgehen können.

Beim Singen eines Liedes oder Hören eines Instrumentalstückes geht jede/jeder, die/der es wünscht, und legt symbolisch etwas in die leere Schale, was sie/er einen Moment lassen möchte, was sie/er Gott überlassen möchte. In diesem LASSEN erhoffen wir uns eine gute Distanz, um uns beim nächsten Zusammensein wieder aufeinander EINLASSEN zu können.

Die Segensbitte, wie dies beim Ringen von Jakob (Genesis 32, 23-33) sichtbar ist, lebt von dieser Hoffnung auf Verwandlung: «Ich lasse dich nicht, bis du mich gesegnet hast.»

Miteinander
um deinen Segen bitten
Gott
Quelle aller Versöhnung
auch angesichts von Konflikten
und scheinbar unvereinbaren Meinungen

Miteinander
um deinen Segen bitten
Christus
Quelle aller Konfliktfähigkeit
besonders für jene in dieser Gruppe
mit denen ich im Moment schwer tue

Miteinander
um deinen Segen bitten
Schwester Geist
Quelle aller Verwandlung
vertrauend durch die Kraft des Loslassens
neu zum Einlassen begeistert zu werden

So segne uns Gott
der in sich Beziehung ist
in all unseren Beziehungen
den wohltuenden und mühsamen
jeden Tag neu

Amen

LOSLASSEN EINÜBEN

In der Weihnachtszeit lädt Amnesty International ein, eine brennende Kerze als Akt der Solidarität ans Fenster zu stellen. Dies wäre auch das ganze Jahr über möglich. Noch glaubwürdiger wirkt es, wenn an jedem Treffen der Gruppe auch Unterschriften gesammelt werden für eine/einen Gefangene/Gefangenen auf dieser Welt. Informationen sind erhältlich bei Amnesty International:

AT: Märinggasse 10/11, 150 Wien
www.amnesty.at

CH: Postfach, 3001 Bern
www.amnesty.ch

DE: Heerstr. 178, 53108 Bonn
www.amnesty.de

Bevor nun die Gruppe auseinandergeht, sind alle dazu aufgerufen ihre Arbeit, ihre Meditation, ihren Austausch als Beitrag zu mehr Versöhnung auf dieser Welt zu sehen. Segen empfangen und weitergeben bedeutet, sich zu verwurzeln in die grosse Weggemeinschaft von hoffend-engagierten Frauen und Männern, die aus dem Evangelium heraus Frieden in Gerechtigkeit verwirklicht haben. So wird jedes Mal zum Ausklang der Sitzung eine Amnesty-Kerze entzündet und vor das Fenster gestellt, damit sie in die ganze Nacht hinein leuchte – auch als Ausdruck des inneren Feuers, das in jeder und jedem von uns brennt:

Amnesty-Kerze entzünden

AUSKLANGSRITUAL

93

Christus
inneres Licht
du bist es
der in uns brennt als
inneres Feuer der Hoffnung
damit die Menschen um uns
Vertrauen und Kraft schöpfen
in deine erhellende Gegenwart

Christus
innere Quelle
segne unser Auseinandergehen
in der Erinnerung
dass du uns verbindest
mit allen Menschen guten Willens

Christus
inneres Licht
im Entzünden dieser Kerze
lebt unsere Bereitschaft mitzugestalten
im Alltag für ein solidarisches Miteinander
sei du uns segnend nah
jetzt und alle Tage und Nächte unseres Lebens

AMNESTY-KERZE ENTZÜNDEN

Weitere Bücher von Pierre Stutz:

HerzensWorte. *Die 10 Gebote für das Leben, rex verlag, Luzern 2002*
HerzensWorte. *Hör-CD, rex verlag, Luzern 2004*

VertrauensWorte. *Die Lebenskraft im Vaterunser, rex verlag, Luzern 2003*
VertrauensWorte. *Hör-CD, rex verlag, Luzern 2004*

Baum-Zeichen. *Texte und Bilder, rex verlag, Luzern 2004*

Du wirst ein Segen sein. *Gedanken für den Tag, rex verlag, Luzern 2004*

Heilende Momente. *Gebärden Rituale Gebete, Kösel, München [2]2000*

Ein Stück Himmel im Alltag. *Sieben Schritte zu mehr Lebendigkeit, Herder, Freiburg i. Br. [4]2000*

Alltagsrituale. *Wege zur inneren Quelle. Mit einem Vorwort von Anselm Grün, Kösel, München [6]2000 (Mit CD zum Buch!)*

Du hast mir Raum geschaffen. *Psalmengebete, Herder, Freiburg 2003*

Gottesdienste ganzheitlich feiern. *Modelle für Gruppen und Gemeinden, rex verlag, Luzern 1995*

Taufgottesdienste. *Den Weg zur Quelle finden, rex verlag, Luzern [2]1994*

Neue Wortgottesdienste. *Leben in Fülle erfahren, rex verlag, Luzern 1997*

Gottesdienst feiern mit Trauernden. *Neue Modelle, rex verlag, Luzern 1998*

Trauung feiern. *Ehe-Werkbuch mit Gottesdienstmodellen, rex verlag, Luzern 1999*

Du bist einzigartig. *Taufbuch für Eltern und Patin/Pate, rex verlag, Luzern 1995*

Dem Leben zuliebe. *Kinder zur Erstkommunion begleiten, rex verlag, Luzern [2]1996*

Ein Stück Himmel auf Erden. *Zur Vorbereitung auf Trauung und Traugottesdienst, rex verlag, Luzern 1993*